# BEI GRIN MACHT SICH IHR WISSEN BEZAHLT

AF137308

- Wir veröffentlichen Ihre Hausarbeit, Bachelor- und Masterarbeit

- Ihr eigenes eBook und Buch - weltweit in allen wichtigen Shops

- Verdienen Sie an jedem Verkauf

## Jetzt bei www.GRIN.com hochladen und kostenlos publizieren

**Bibliografische Information der Deutschen Nationalbibliothek:**

Die Deutsche Bibliothek verzeichnet diese Publikation in der Deutschen National-
bibliografie; detaillierte bibliografische Daten sind im Internet über http://dnb.d-
nb.de/ abrufbar.

**Impressum:**

Copyright © 2014 GRIN Verlag
Druck und Bindung: Books on Demand GmbH, Norderstedt Germany
ISBN: 9783346010162

**Dieses Buch bei GRIN:**

https://www.grin.com/document/496103

**Erik Heidecker**

# Lex Gabinia. Ursachen und Folgen der Piraterie im Römischen Reich

GRIN Verlag

**GRIN - Your knowledge has value**

Der GRIN Verlag publiziert seit 1998 wissenschaftliche Arbeiten von Studenten, Hochschullehrern und anderen Akademikern als eBook und gedrucktes Buch. Die Verlagswebsite www.grin.com ist die ideale Plattform zur Veröffentlichung von Hausarbeiten, Abschlussarbeiten, wissenschaftlichen Aufsätzen, Dissertationen und Fachbüchern.

**Besuchen Sie uns im Internet:**

http://www.grin.com/

http://www.facebook.com/grincom

http://www.twitter.com/grin_com

# Inhalt

# 1. Einleitung

Die folgende Proseminarsarbeit beschäftigt sich mit der Lex Gabinia, wie es dazu kam, was sie auslöste und welche Folgen diese hatte.

Im ersten Teil geht es um die allgemeine Quellenlage, sowie deren Bedeutung für die Hausarbeit. Dabei wird sich besonders der Frage nach der Genauigkeit bzw. nach der realistischen Begebenheit der Quellen gewidmet. Im zweiten Teil stehen die Piraten im Vordergrund, wie diese zu einem solchen Problem werden konnten und wieso man nicht schon eher etwas unternahm, um ihre Ausbreitung zu verhindern. Im darauffolgenden Abschnitt geht es kurz um Pompeius und wie er zu diesem außerordentlichen Kommando kam. Danach folgt im vierten Abschnitt eine kurze Zusammenfassung des Geschehens und der Handlungen, welche zur Bekämpfung der Piraten unternommen wurden. Im letzten Teil dieser Hausarbeit soll es um die Folgen bzw. die Auswirkungen auf das politische System Roms gehen.

Die Lex Gabinia wurde in einem Zeitraum verfasst und durch den Senat gebracht, als die römische Republik sich gerade noch von den Folgen, welche durch Sulla und Marcus (Bürgerkriege) verursacht wurden, zu erholen versuchte. In dieser Zeit gelang es einem Mann, Pompeius, durch seine besonderen Fähigkeiten in der Kriegsführung zu einem begnadeten und gefürchteten Feldherrn zu werden. Seine Stellung und sein Ansehen waren so groß, dass, wann immer größere Gefahren auf die römische Republik zukamen, er derjenige war, welcher für die „Rettung der Republik" geschickt wurde.

So erreichte er schon vor der Lex Gabinia, dass er 2 außerordentliche Kommanden erhielt und einen Triumph, für seinen Sieg in Spanien, bekam. Nun stand die römische Republik vor einem neuen Problem, die Piraterie. Auch für diese Problematik bzw. Bedrohung wurde wieder Pompeius ins Feld geschickt oder besser gesagt, aufs Wasser, da seine Vorgänger nicht Herr der Lage werden konnten.

## 2. Quellenlage

Aus dem Jahr 67/66 v. Chr. berichten uns 4 große Autoren aus der Antike. Aus römischer Sicht ist uns die Rede, „de Lege Manilia de imperio Gnaei Pompei" von Cicero überliefert, welche Pompeius vor dem Senat verteidigt. Hier geht es zwar hauptsächlich um die Lex Manilia und den Krieg gegen Mithridates, jedoch geht er hier auch kurz auf die Lex Gabinia ein, da diese als Vorläufer für den mithridatischen Krieg dient. Er berichtet zwar nicht genau von den geschehenen Ereignissen, sondern benutzt eher die vollbrachte Leistung, um Pompeius besser darzustellen. Jedoch kann man aus diesen Aussagen Rückschlüsse zu dem Geschehenen machen. Zudem gibt er Gründe an, warum die Seeräuber zu einem enormen Problem geworden sind und was sie der römischen Wirtschaft angetan haben. Um jedoch eine genauere Übersicht über den Kriegsverlauf und deren Ausbruch zu bekommen, muss man eine andere Quelle in Betracht ziehen. Am wohl ausführlichsten, berichtet uns Plutarch in seinen Büchern „Große Griechen und Römer", welche einen sehr biographischen Charakter haben. Unter eben diesen großen Griechen und Römern befindet sich auch Pompeius. Vor ihm behandelt Plutarch das Leben des Agesilaos und nach der Vita Pompeius vergleicht er beide. Plutarch versucht die Ereignisse zur Lex Gabinia kompakt, aber auch detailreich wiederzugeben.

Des Weiteren sind uns für diesen Zeitraum auch noch andere Quellen überliefert. Zum einen die Bücher des Cassio Dio zur römischen Geschichte, welche nicht alle vollständig rekonstruiert werden konnten, jedoch für unseren Zeitraum vollständig sind. Im Buch 36 berichtet er uns von eben diesen Ereignissen. Auch er schafft es uns sehr detailliert und umfangreich zu Berichten, wie es dazu gekommen ist und wie der Verlauf sich gestaltete.

Als letzte große Quelle gesellt sich noch Appian von Alexandria in die Reihe der griechischen Autoren, welche über die Seeräuber berichten. In seinem Buch über Mithridates berichtet er uns auch von den Ereignissen zu den Seeräuberkriegen, da diese die Vorläufer zum 2. Krieg gegen Mithridates waren. Somit haben wir die glückliche Lage, dass dieses Ereignis von mehreren Antiken Autoren erwähnt, aber auch ausführlich beschrieben wird.

Natürlich stellt sich bei diesen Quellen die Frage, wie ihre Zuverlässigkeit ist. Jedoch ist es nicht Aufgabe dieser

Hausarbeit, dies zu Untersuchen. Jedoch gehe ich davon aus, dass man die Zahlen als einen groben Richtwert nehmen sollte, um eine Orientierung zu haben, aber diese nicht als wahr hinnehmen. Natürlich könnte man dies machen, aber wenn sich allein schon in den verschiedenen Überlieferungen die Zahlen unterscheiden können wir nie mit Gewissheit sagen, dass eine von beiden stimmen muss bzw. kann.

# 3. Das Piratenproblem

Der nun folgende Abschnitt widmet sich den Piraten, im speziellen, woher sie kamen, was ihre Gründe für die Piraterie waren und was sie taten, damit sie ein solch großes Problem für die römische Republik darstellten, welche daraufhin ihren, zu dem Zeitpunkt, besten Feldherren schicken musste um das Problem zu lösen.

## 3.1 Ursprung der Piraten

Die Seeräuberei an und für sich ist kein Problem, welches erst in der Zeit des Pompeius entstanden ist, sondern schon viele Jahrhunderte zurückliegt. Er ist auch nicht der Erste, der in den Krieg gegen sie zieht oder wo der römische Staat Gesetze gegen die Piraten Gesetze erlässt[1]. Sie stellten schon viel länger eine Bedrohung dar, selbst in der Hochzeit der Griechen[2] haben diese enormen Probleme mit der Piraterie[3]. Darum stellt sich auch in dieser Hausarbeit die Frage, wo diese Piraten herkommen, warum sie gerade zu diesen wurden und welche große Gefahr sie darstellten.

Zuerst möchte ich auf die Gründe eingehen, warum es in dieser Zeit ein solches Aufkommen von Seeräubern gab.

Es gibt, meiner Meinung nach, zwei Hauptgründe. Zum einen ist es, dass Rom es geschafft hatte die Macht von Karthago, aber auch von den Seleukiden zu brechen, und so ein Machtvakuum entstanden ist. Nach deren Brechung hatte es Rom nicht geschafft die Sicherheit auf dem Mittelmeer weiter zu gewährleisten bzw. hatte sich gar nicht erst darum gekümmert[4]. Zum zweiten hatte es Mithridates geschafft eine „Armee" aus Piraten zu errichten, welche besonders das östliche Mittelmeer unsicher machten. Sie waren die inoffiziellen Matrosen, welche nicht wirklich ihm

---

[1] Vgl. Pohl: römische Politik und die Piraterie, S. 208 ff.
[2] Vgl. Christ: Pompeius, S. 56
[3] Vgl. Pohl: römische Politik und die Piraterie, S. 113 ff.
[4] Vgl. Christ: Pompeius, S. 56

gehorchten, aber trotzdem für ihn kämpften[5]. Allein aus diesem „Bündnis" wurden die Piraten eine große Bedrohung für die römische Republik.

Wenn man sich die Piraten an und für sich anschaut, so stellt man fest, dass viele andere Gründe hatten als Mithridates zu unterstützen, geschweige denn ihm loyal gegenüber zu sein. Viel mehr waren es viele einzelne Schicksale, welche sich zusammenrauften.

Wie bereits oben erwähnt, hatten die Menschen nach der Machtbrechung Karthagos keine sicheren Strukturen mehr, welche sie beschützen konnten, somit war es möglich, dass sich viele kleine Machtgruppen etablieren konnten und den südlichen bzw. östlichen Mittelmeerraum unsicher machten. Die Menschen lebten somit unter Angst und Schrecken und sahen keinen anderen Ausweg als ihre Heimat zu verlassen[6].

Jedoch waren die Menschen dazu veranlasst ihre Heimat zu verlassen, da sie durch die Folgen des mithridatischen Krieges alles verloren haben. Sie mussten fliehen und somit ihre gesamte Lebensumwelt und ihr Heim hinter sich

[5]Appian: Römische Geschichte, Mith. 92.416
[6]Dio: Roman History, Book 36.20

lassen. Als diese zurückkamen, hatten sie nur noch sehr wenig oder nichts, da ihnen alles genommen wurde. Zu diesen Vertriebenen gehörten unter anderen Menschen aus Syrien, Zypern, Pamphylien und Pontos. Somit mussten sie sich etwas Neues suchen womit sie überleben konnten. Nun ernteten sie keine Felder bzw. Land ab, sondern das Meer. Hier gab es schließlich auch viel zu holen und wenig zu verlieren, da die Römer zum einen die Meere nicht wirklich überwachten und zum anderen sie mit anderen Dingen beschäftigt waren. Somit war es ein leichtes die Handelsschiffe zu überfallen und zu kapern. Dies entpuppte sich als ein solch lukratives Geschäft, dass es natürlich auch andere anzog, welche sich am Gewinn beteiligen wollten. Jedoch gab es nicht nur wertvolle Güter wie Gold, Silber oder Eisen zu erbeuten, sondern auch Lebensmittel, welche von den Provinzen Roms über das Mittelmeer nach Rom gebracht wurden.[7]

---

[7]Appian: Römische Geschichte, Mith. 92.416-421

## 3.2 Piraten als Problem für Rom

Durch ihre Machenschaften und Plünderungen des gesamten Mittelmeerraumes, hatten sie es geschafft, Rom einen solchen wirtschaftlichen Schaden zuzufügen, dass sich die römische Republik gezwungen sah etwas dagegen zu unternehmen.

Es gab nun mehrere Gründe, warum Rom den Seeräubern den Krieg erklärte. Zum einen, was auch der offensichtlichste Grund war, dass sie gemeinsame Sache mit Mithridates und Sertorius machten und sich somit den momentanen „Erzfeinden" Roms anschlossen. Einerseits stammen einige Piraten, wie bereits im oberen Teil erläutert, aus den eigenen Reihen Mithridates, andererseits auch wahrscheinlich von Sertorius. Somit waren die Römer gefangen, was die See betraf, wie die 6. Armee in Stalingrad.

Jedoch machte ein weitaus größeres Problem dem römischen Volke sorgen, die Lebensmittelversorgung. Rom hatte es durch seine ständigen Provinzerweiterungen geschafft, ein Netz aus Lebensmittelversorgungswegen zu schaffen, das ganz Italien versorgen konnte. Jedoch war nun einer ihrer Haupthandelswege durch die Piraten bedroht.

Diese kaperten und plünderten römische Handelsschiffe, wie es ihnen nur möglich war. Somit hatte die römische Wirtschaft ein riesiges Versorgungsproblem, da ihnen die Rohstoffe allmählich ausgingen. Dies war besonders bei der Getreideversorgung spürbar geworden. Da die Lieferungen aus den Provinzen immer wieder ausfielen, kam es zu einer Getreideknappheit, welche zur Folge hatte, dass die Getreidepreise rasant in die Höhe gingen und es bald unmöglich war, für die ärmere Bevölkerung Roms Getreide zu kaufen[8].

Da ihre vorherigen Lösungsversuche gescheitert waren, mussten die Römer nun zügig handeln, bevor es zu Aufständen kam aufgrund der Lebensmittelknappheit. Zudem kam hinzu, dass die Piraten es mittlerweile geschafft hatten einen riesigen Flottenverband aufzustellen und sich fast wie eine Armee zu organisieren. Somit waren sie förmlich gezwungen zu handeln, da die Bedrohung immer größer wurde und die Piraten immer dreister. Mittlerweile besetzten sie im Winter Höfe und Villen auf italienischen Boden[9]. Was sie natürlich auch nicht davon abhielt die Straßen und allgemein das italienische Inland unsicher zu

---

[8]Vgl. Christ: Pompeius, S. 56-57
[9]Dio: Roman History, Book 36.21

machen. Auch hier zu plündern und zu zerstören, wie es ihnen gerade gepasst hat[10].

Dies waren alles Faktoren, welche Rom nicht einfach hinnehmen konnte. Sie mussten handeln. Da jedoch auch Metellus mit seinem außerordentlichen Kommando auf Kreta scheiterte, musste eine andere, bessere und schnellere Lösung her.

# 4. Pompeius erhält sein Kommando

Der folgende Abschnitt beschäftigt sich einerseits kurz mit dem Aufstieg des Pompeius, zum anderen, wie er zu seinem außerordentlichen Kommando gegen die Piraten und Mithridates kam, was gerade ihn dafür prädestiniert.

## 4.1 Pompeius - Der Feldherr Roms

Um eine der bedeutendsten Personen besser verstehen und nachvollziehen zu können, wie er, mit einem solchen jungen Alter, so mächtig werden konnte, muss man zuerst

---

[10]Plutarch: Große Griechen und Römer - Pompeius, S. 182.24

seine Vergangenheit und familiären Umstände betrachten.

Eine schöne Beschreibung liefert uns Plutarch in seiner Einleitung zu Pompeius: „Verhaßten Vaters liebster Sprößling bist du mir"[11].

Sein Vater, Cn. Pompeius Strabo (= der „Schieler"), war der Sohn des Sextus Pompeius, welcher als Stadthalter von Makedonien bekannt wurde, da er dort gegen keltische Stämme kämpfte und gegen diese im Kampf fiel. Sein Sohn, Cn. Pompeius Strabo, übernahm im späteren Verlauf dessen Amt als Stadthalter in Makedonien. Jedoch zeichnete sich dieser erst später im Bundesgenossenkrieg aus, als er im Raum um Picenum kämpfte, wo er höchst wahrscheinlich über größeren Großgrundbesitz und Klientel verfügte[12]. Dort wurde er bekannt durch seine hervorragende Weise Schlachten zu führen und stieg so im militärischen System weiter auf. So weit, dass er Konsul wurde und im Dezember 89 v. Chr. einen Triumph bekam.

Der noch junge Cn. Gnaeus Pompeius kämpfte so schon in den Kriegen in den Jahren 89 und 87 v. Chr., im Alter von 17 Jahren, unter seinem Vater mit. Nach dem Tod seines Vaters musste Pompeius zurück nach Picenum flüchten, da

---

[11]Plutarch: Große Griechen und Römer, S. 157.1
[12]Vgl. Christ: Pompeius, S. 19

die Feinde seines Vaters den stadtrömischen Besitz plünderten und ausraubten. Im jungen Alter von 23 Jahren trat er dann Sulla bei, als es in die letzte Phase des herrschenden Bürgerkrieges kam. Er stellte aus eigenen Stücken eine eigene Legion auf und unter dessen Führung kämpfte er dann für Sulla. Er war so erfolgreich, dass ihm immer mehr Leute und Veteranen beitraten, so dass seine „Armee" eine Größe von 3 Legionen erreichte[13]. Pompeius steiler Aufstieg wurde dann endgültig, durch die Begrüßung des Sulla als Imperator, besiegelt[14]. Durch diese, nennen wir sie mal Geste, hatte es Cn. Gnaeus Pompeius geschafft. Mit dieser Begrüßung stellte sich Sulla mit ihm gleich und „beförderte" ihn. Natürlich hatte er kein Imperium inne, jedoch verhielt er sich so und erbrachte auch die Leistung, wenn diese nicht sogar besser war. Damit war Pompeius einer der besten Befehlshaber unter Sulla.

Als nächste größere Episode folgt ein pro-prätorisches Imperium, welches er durch Sullas Anstrengungen im Senat bekam. Dieses Kommando erhielt er, um die Popularen in Sizilien zu vertreiben und die Insel wieder einzunehmen[15].

---

[13]Vgl. Christ: Pompeius, S. 25-28
[14]Plutarch: Große Griechen und Römer - Pompeius, S. 163.8
[15]Vgl. Christ: Pompeius, S. 32

Danach erfolgte ein weiteres Imperium, mit dem er die letzten Gegner Sullas in Afrika beseitigen sollte. Durch geschickte Organisation und Heeresführung gelang es ihm auch hier erfolgreich heraus zu gehen. Nun bestand er natürlich, als zweimaliger Sieger, auf einen Triumph, zwar nicht für die Siege im Bürgerkrieg, aber für seinen Sieg in Sizilien bzw. Nordafrika. Jedoch konnte Sulla ihm diesen Triumph nicht geben, da dies gegen seine eigenen und neuen Gesetze gehen würde[16]. Um diesen Zwist zu beseitigen, versuchte Sulla zuerst, wie er es schon einmal tat, Pompeius mit dem Titel „Magnus" zu besänftigen. Jedoch genügte ihm das auch nicht, darum beantragte er trotzdem z offiziell einen Triumph, welcher jedoch abgelehnt wurde, da er nie ein Konsul oder Prätor gewesen war. Aber er bekam seinen Triumph, da er Sulla provozierte und dieser dies nicht auf sich sitzen lassen wollte[17]. Somit erhielt Pompeius seinen Triumph, was jedoch den Preis hatte, dass ihm Sulla nun nicht mehr glimpflich gegenüberstand.

Nach Sullas Tod, welcher ihn nicht einmal mehr im Testament erwähnte und einigen Auseinandersetzungen mit

---

[16]Plutarch: Große Griechen und Römer – Pompeius, S. 169.13-171.14
[17]Plutarch: Große Griechen und Römer – Pompeius, S. 169.13-171.14

Lepidus, ging er nach Spanien, um dort gegen Sertorius zu kämpfen. Als er nach mehreren Niederlagen und Rückzügen dank Hilfe doch noch gewinnen und zudem den Spartakusaufstand auf seinem Rückweg nach Rom völlig auslöschen konnte, war es Zeit für seinen zweiten Triumph[18].

## 4.2 Gabinius Gesetz zur Bekämpfung des Piratenproblems

Nun, nach den Bürgerkriegen und anderen Kriegen gegen die Feinde Roms, stand die Bekämpfung der Piraten im Vordergrund. Zu Lösung dieser Aufgabe verpflichtet, fühlte sich Aulus Gabinius. Er war ein hochangesehener und hochdekorierter General und ein Politiker, zu diesem Zeitpunkt ein Tribun[19], welcher zudem ein enger Vertrauter des Pompeius war. Gabinius schaffte es ein Gesetz durch den Senat zu bringen, welches Pompeius „....die Alleinherrschaft und die uneingeschränkte Befehlsgewalt über alle Menschen übertrug."[20]. In dieser, doch anfangs

---

[18]Plutarch: Große Grichen und Römer – Pompeius, S.174.17-180.22
[19]Dio: Roman History, Book 36.23
[20]Plutarch: Große Grichen und Römer – Pompeius, S. 184.25

recht übertriebenen Beschreibung des Plutarch, steckt viel Wahrheit. Denn wer solch eine Macht zugeschrieben bekam, konnte alles machen und war dazu noch unantastbar.

Gabinius, ein anscheinend schlauer Mann, entwarf dieses Gesetz, ohne einmal den Namen Pompeius darin zu verwenden oder eben diesen bei seiner Gesetzesrede dafür zu prädestinieren. Gabinius schrieb in sein Gesetz, dass ein ehemaliger Konsul zum General für diese Mission vom Senat gewählt werden sollte.

Natürlich kam in dieser Zeit nur eine bestimmte Person in Frage, Pompeius[21].

Das Gesetz beinhaltete eine Macht, für denjenigen, der das Kommando ausführen sollte, dass sich fast der gesamte Senat gegen ihn stellte. Jedoch hatten sie die Macht des Volkes vergessen, welches schon aufgebracht war, da die Getreideversorgung immer schlechter wurde und sie somit mehr für weniger bezahlen mussten. Als der Senat seine Abneigung bekannt gab, entstanden Tumulte, welche sich erst wieder beruhigten als das Gesetz angenommen wurde. Somit hatte Pompeius die Macht über das Meer zwischen

---

[21]Dio: Roman History, Book 36.23

den Säulen des Herakles sowie 400 Stadien landeinwärts von der Küste. Somit hatte er, nach diesem Gesetz, die Macht über die größten Völker und Reiche dieser Zeit. Zudem bekam er 15 Kommandanten, welche er sich aus dem Senat aussuchen durfte. Dazu kam, dass er sich so viel Geld aus der Staatskasse und von den Zollpächtern nehmen darf, wie er benötigte, eine Flotte von 200 Schiffen deren Besatzung er selbst bestimmen/"einkaufen" durfte. All dies war für einen Zeitraum von 3 Jahren bestimmt[22]. Das, was Gabinius hier in seinem Gesetz gestrickt hat, scheint, meiner Meinung nach, einer Legitimation zu einer Diktatur gleich. Dieser junge Mann hatte es in seiner kurzen Zeit geschafft, so erfolgreich zu werden, dass ihn nicht einmal mehr der Senat stoppen konnte, da, so wie es scheint, dass gesamte römische Volk hinter ihm stand. Warum sollten sie es auch nicht? Er war ein großartiger Feldherr, welcher der römischen Republik treue Dienste erwiesen hatte und zudem es verstand, sich zu präsentieren.

Durch diese Popularität und den Getreidemangel war eine andere Entscheidung kaum zu erwarten und zum Teil eine logische Reaktion des Volkes, als diese von der Abneigung

---

[22]Plutarch: Große Griechen und Römer – Pompeius, S. 184.25-185

des Senates hörten, gegen diese Abneigung zu rebellieren. Unter diesem Druck ließ der Senat sogar zu, das Pompeius Macht noch weiter aufgestockt wurde. So kam beim endgültigen Gesetz heraus, dass er nun eine Flotte von 500 (270 plus Eineinhalbruderer bei Appian[23]) Schiffen bekommen sollte, zudem ein 120.000 starkes Heer und 5000 (4000 bei Appian) Reiter. Außerdem wurden ihm dann noch 24 (25 bei Appian) Senatoren als Kommandeure hinzu gesprochen und zwei Questoren. Welche hohen Erwartungen das Volk an die Gewinnchance von Pompeius hatte, zeigte sich, als, nachdem das Gesetz durch den Senat gebracht wurde, die Getreidepreise schlagartig fielen[24].

Mit all dieser Macht ging Pompeius nun und schaffte es, laut Plutarch, innerhalb von 40 Tagen das Mittelmeer von Seeräubern zu befreien und nach 3 Monaten, selbst die, die sich auf das Land zurückgezogen hatten, zu schlagen.

# 5. Pompeius Angriffskrieg

Nachdem nun das Gesetz als beschlossen galt, machte sich

---

[23]Appian: Römische Geschichte, S. Mith. 94.431
[24]Plutarch: Große Griechen und Römer – Pompeius, S. 185-186.26

Pompeius sofort an die Organisation des Unternehmens. Er schaffte es, dass alle Vorbereitungen im Frühjahr 66 v. Chr. abgeschlossen werden konnten. Dies grenzte an mehr als eine Meisterleistung, wenn man bedenkt, dass er einen Flottenverband aus 500 kriegsfähigen Schiffen und 20 Legionen zusammenstellen musste. Dazu kommen natürlich auch die enormen Vorräte an Nahrung, Waffen, Werkzeugen etc. So schaffte es Pompeius dieses in nicht einmal einem Jahr zu realisieren, um dann über den Sommer gegen die Piraten kämpfen zu können. An dieser Stelle ist es auch verständlich, dass die Piraten am Anfang überrumpelt wurden, da niemand von ihnen damit gerechnet hatte, dass es Pompeius schaffen würde in einer solch kurzen Zeit, diese Massen zu bewältigen[25].

 Mit dieser Macht, die noch nie ein Römer legal erhalten hatte, machte er sich ans Werk. Zuerst teilte er die 25 Senatoren auf und teilte ihnen verschiedene Bezirke zu. Jeder von ihnen bekam für diesen Zweck den Rang eines Prätors, damit diese in ihrem Bezirk schalten und walten konnten, aber immer noch unter dem Kommando des Pompeius blieben. Sie hatten die Aufgabe ihre Bereiche zu

---

[25]Vgl. Christ: Pompeius, S. 62f.

beschützen, zu bewachen und notfalls anzugreifen und falls ein benachbarter Bezirk Piraten vertrieben hatte, diese aufzufangen und endgültig zu beseitigen[26].

Nun machte sich Pompeius, nachdem alle Bezirke verteilt und die Aufgaben vergeben worden waren, selbst auf den Weg. Ganz systematisch machte er Jagd auf die Piraten. Sein erstes Ziel war es, das westliche Mittelmeer zu säubern, was ihm auch innerhalb von 40 Tagen gelang. In dieser Zeit schaffte er es die Küstenabschnitte von Nord-West Afrika, Südspanien, Sizilien, Sardinien und Korsika von den Piraten zu befreien.

Nach einem kurzen Zwischenstopp in Rom fuhr er weiter Richtung Osten. Auch auf seinem Weg ließ er sich nicht aufhalten die einzelnen Bereiche zu säubern. Als er an Griechenland vorbeifuhr, machte er kurz halt, um in Athen die Götter zu ehren und eine Rede ans Volk zu halten. Danach fuhr er mit seinem Flottenverband weiter Richtung Kilikien.

Erstaunlich ist hier seine Umgangsweise mit den Piraten an und für sich. Anders als andere große Feldherren zeigte Pompeius ein Übermaß an Gnade gegenüber diesen, welche

---

[26]Appian: Römische Geschichte, Mith. 94.432-95.437

er entweder gefangen nahm oder aufsammelte. Er verurteilte sie als Menschen, die sich ihrer Verbrechen bewusst sind, was für mich so viel bedeutet wie, dass er ihnen ins Gewissen redete. Als sich dies herumsprach, flüchteten immer mehr Piraten mit ihrem Hab und Gut und ihrer Familie zu Pompeius. Das Mittel der Gnade zeigte gleich 2 positive Aspekte: er konnte sie erstens über die verbliebenen Piraten befragen und zweitens, eben dieser Selbstzulauf. Somit konnte er ohne größere Umstände bis nach Kilikien gelangen.

In Kilikien selbst hatten sich die letzten überzeugten Piraten in den Bergen und ihren kleinen Festungen festgesetzt[27].

Das Ende des Krieges gestaltete sich jedoch einfacher als erwartet. Pompeius rechnete mit einem letzten großen Bollwerk, was er bezwingen musste. Deshalb kam er mit einem großen Heer und mit verschiedenartigen Belagerungsmaschinen. Aber gerade diese Masse und sein Ruf eilten ihm so schnell voraus, dass die Piraten in Panik versetzt wurden. Nun hatten sie die Wahl, entweder stellen sie sich dem Magnus Pompeius gegenüber und versuchen noch alles zu verteidigen, was sie hatten oder sich zu

---

[27]Plutarch: Große Griechen und Römer – Pompeius, S. 186.26-188.28

ergeben und darauf zu hoffen, dass Pompeius die gleiche Gnade walten lässt, wie auch schon bei den Piraten, die er vorher gefangen genommen hatte. Sie entschieden sich für die zweite Variante.

Zuerst ergaben sich die beiden größten Festungen der Piraten in Kragos und Antikragos. Man muss dazu erwähnen, dass sich nicht gleich alle Piraten ergeben hatten und Pompeius deshalb noch gegen einige Wiederstandnester zu kämpfen hatte, was sich aber als eine nur kleine Herausforderung für ihn darstellte, da er mit einem solchen riesigen Tross fast alles förmlich überrollen konnte. Somit schaffte er es auch hier in aller kürzester Zeit die Piraten zu besiegen.

Als nun auch das letzte Widerstandsnest geräumt war, fing er an sich um die Hinterlassenschaften zu kümmern. Die Schiffe, egal ob noch im Bau oder fertig, wurden in Richtung Rom abgeschleppt, das Bauholz wurde zu großen Teilen verbrannt und die Gefangenen in ihre Heimat geschickt. Jedoch gab es unter ihnen auch solche, welche aufgrund des mithridatischen Krieges zu Piraten geworden waren oder ihre Heimat dadurch verloren hatten. An dieser Stelle zeigte sich wieder einmal Pompeius Weitsicht: er siedelte die übriggebliebenen Piraten wieder in Kilikien an. Meist in Städten und Landstrichen, welche aufgrund des Krieges beinahe

menschenleer waren, jedoch fruchtbaren Boden besaßen. So konnte er am Ende eine Bilanz von 377 (71 im Kampf und 306 durch freiwillige Übergabe) übernommenen Schiffen und 120 eingenommenen oder neu besiedelten Städten vorweisen[28].

# 6. Folgen und Auswirkungen für die römische Republik

Nachdem es ein Volkstribun geschafft hatte ein Gesetz durchzubringen, welches einen Einzelnen zum Diktator über den gesamten Mittelmeerraum machte, war nun die Frage, was man mit dem, noch so jungen und anscheinend unaufhaltsamen, Pompeius anfangen soll. Es ist abzusehen, dass die sowieso schon sehr zerrüttete römische Republik nun ein Problem, was eigentlich schon gelöst sein sollte, mehr hatte, nämlich Mithridates.

Zunächst möchte ich jedoch an dieser Stelle auf die Frage

---

[28]Appian: Römische Geschichte, Mith. 96.445

eingehen, wie es einem Volkstribun, wie Gabinius, gelang ein solch mächtiges Gesetz durchzubringen.

Man kann wohl davon ausgehen, dass die Klientel des Pompeius auch zu großen Teilen Gabinius unterstützen, da dieser einerseits ein enger Vertrauter des Pompeius war und dazu sein ebenfalls hohes Ansehen kommt, welches er durch seine Erfolge unter Sulla maximieren konnte.[29]

Da es nun in Rom und Umgebung zu einer Getreideknappheit kam, erkannte er seine Chance sich und Pompeius wieder erneut ins Rampenlicht zu bringen. Dies geschah durch das Gesetz zur Bekämpfung der Ursache für die Getreidenot. Nun ist der interessante Aspekt, dass Gabinius in seinem Gesetz nicht vorsah Pompeius dafür auszusenden, sondern einen ehemaligen Konsul zu schicken, was zufällig Pompeius war. Als Gabinius dieses Gesetz vor dem Senat vorstellte, gab es natürlich große Widerreden. Niemand von den Senatoren konnte es verantworten, dass einem Mann solch eine Macht gegeben wird, auch wenn diese zeitlich begrenzt war. Jedoch hatte auch hier der Senat die Rechnung ohne das Volk und Caesar gemacht. Caesar, selbst ein Verfechter der Popularen, hatte

---

[29]Siehe auch 4.2

sich, als einer der wenigen im Senat, für dieses Gesetz ausgesprochen. Dies tat er wohl, um aus der Situation das Beste für sein Ansehen beim Volk heraus zu holen[30]. Somit standen allein das Klientel von Pompeius bzw. Gabinius und Cäsar hinter diesem Gesetz, was schon eine gewisse Masse der römischen Bevölkerung ausmachte. Jedoch sprach dieses Gesetz nicht nur die Klientel dieser drei Personen an, sondern den Großteil der römischen Bevölkerung, da fast jeder unter der Getreidenot zu leiden hatte.

Gegen solche Massen konnte selbst der Senat nichts mehr ausrichten und musste sich geschlagen geben und dem Gesetz zustimmen, da sonst die Aufstände eskaliert wären. Somit gelang es also einem Volkstribun, dank der Popularen Methode, dieses Alleinherrscher-Gesetz durchzubringen, wohl angemerkt, das Erste dieser Art[31]. Auch hier machte sich die Populare Methode wieder einmal bezahlt, was sie im weiteren Verlauf der römischen Geschichte noch ein paar Mal machen wird.

Doch Pompeius wäre nicht Pompeius, wenn er auch diese Aufgabe nicht in kürzester Zeit schaffen würde. So geschah

---

[30]Plutarch: Große Griechen und Römer – Pompeius, S. 185.25
[31]Appian: Römische Geschichte, Mith. 94.431

es, dass er nach drei Monaten das Piratenproblem beseitigt hatte. Nun stand der Senat vor einem riesigen Problem; Pompeius unantastbare Macht sollte erst in zweieinhalb Jahren enden, und bis zu diesem Zeitpunkt war die Gefahr groß, dass Pompeius einen wie Sulla, nachahmen möchte. Somit lag es am Senat, was sie mit Pompeius machen. Wenn der Volkstribun Manilius nicht ein Gesetz vorgebracht hätte, welches Pompeius dazu befähigte gegen Mithridates zu kämpfen, wer weiß, was der Senat mit Pompeius gemacht hätte.

Auch hier, bei der „lex manilia", hat es wieder ein Volkstribun geschafft, gegen den Senat ein Gesetz durchzubringen, welches Pompeius Macht noch einmal erweitern sollte. Jedoch hatte Manilius, nicht wie Gabinius, nur die Optimaten gegen sich; der Großteil der Popularen unterstützten ihn dabei, darunter z.B. Caesar und Cicero[32]. Die Hauptbegründung für Cicero war, dass Pompeius sich sowieso schon mit all den Truppen und Schiffen in der Nähe befand und somit man Mithridates schnell ein Ende setzen könne. Somit wurde dem legitimierten Diktator auf Zeit noch mehr Macht zugesprochen. Somit war erst einmal das

---

[32]Christ: Pompeius, S. 68

Problem der Beschäftigung Pompeius gelöst worden. Jedoch zeigte sich an dieser Stelle eindeutig eine Schwachstelle des republikanischen Systems, da es ja einem bzw. zwei Männern gelang, dieses System zu umgehen. Diese Schwachstelle wurde nie behoben und man wird sehen, dass man dies lieber hätte machen sollen.

Es gab aber auch „positive" Folgen des Ganzen. Durch die Neuansiedlung der Piraten hatte Pompeius es geschafft dem größten Teil der Piraten eine neue Heimat und einen neuen Lebenssinn zu geben. Dadurch wurde es auf dem Mittelmeer sicherer und der Handel mit Rom konnte wieder florieren. Zudem wurde ein neuer Lieferant für Rom geschaffen, welcher ebenfalls benötigte Waren liefern und produzieren konnte.

Dazu kommt noch, dass es Pompeius geschafft hatte, die römische Seemacht von Grund auf zu erneuern und zu erweitern, so dass Rom sich wieder als Seemacht bezeichnen konnte. Ohne Pompeius und seine massiven Baumaßnahmen wäre die römische Flotte wohl bis Augustus klein und kaum brauchbar geblieben.

# 7. Zusammenfassung

Nun hatte es Pompeius ein weiteres Mal geschafft, dass die römische Republik siegreich von dannen zieht. All sein Einsatz, sein Mut und seine Entschlossenheit haben dazu geführt, dass er nach der „lex gabinia" und der „lex manilia" seinen dritten Triumph entgegensah. Doch das was wir hier erlebt haben, ist meiner Meinung nach, der Anfang vom Ende der römischen Republik.

Um diese These etwas weiter aufzuschlüsseln, folgen nun einige Argumente, die dafürsprechen. Das größte Argument, welches ich hier anbringe, ist, dass das römische Volk sein Vertrauen in den Senat verloren hatte. Dies lässt sich allein daran zeigen, dass als der Senat versuchte die „lex gabinia" abzulehnen, ein Tumult entstand. In diesem Tumult versuchte einer der Senatoren dem Volk mitzuteilen, dass sie Pompeius nicht allein schicken sollten, sondern ganz im Sinne der Kollegialität, einen zweiten ehemaligen Konsul mitschicken sollten. Daraufhin übertönten sie ihn und „buhten" ihn vom Rednerpult. Hier an dieser Stelle wird eindeutig klar, dass das römische Volk sein Vertrauen in den Senat verloren hat und nun eine andere Lösung bevorzugte. Diese Lösung lautete Pompeius, welcher zum Alleinherrscher per Gesetz von den Bürgern gewählt wurde. Somit setzten die Bürger Roms ihr eigenes System außer Kraft und verfolgten einen anderen Kurs. Ihnen ist es förmlich egal, was die Politiker machen, wenn es ihnen an Nahrung etc. fehlt. Sie wollen das ihr Problem gelöst und nicht durch eine 24-stündige Rede verhindert wird. Gerade in diesen Zeiten ist es für Männer wie Gabinius, Manilius, Caesar und Pompeius ein Einfaches das Volk auf ihre Seite zu bringen und das System zu stürzen. Durch diese Selbstsabotage ihres eigenen Systems, welche sich bis in die Zeit Caesars und später auch Augustus weiter zieht, hat das römische Volk das ermöglicht, was in der weiteren Geschichte Roms folgt, die Wiedereinführung der Monarchie. Alles das, was auf die „lex gabinia" folgt, könnte man als eine einzige Kettenreaktion sehen, welche bis zu Ermordung Cäsars hinreicht.

# 8.  <u>Quellenverzeichnis</u>

Appian von Alexandria: Römische Geschichte- die römische Reichsbildung, in: Bibliothek der Griechischen Literatur, (Hrsg.) Wirth, Peter u. Gessel, Wilhelm (Übersetzt von Veh, Otto), Bd. 32, Stuttgart 1987

Cassio Dio: Roman History, in: The Loeb classical library, (Hrsg.) Loeb, James u. Goold, G. P. (Übersetzt von Cary, Earnest), Bd. 3, London 1914

Plutarch: Grosse Griechen und Römer, in: Die Bibliothek der alten Welt, (Hrsg.) Hoenn, Karl (Übersetzt von Ziegler, Konrad), Bd. 3, Stuttgart/Zürich 1955

# 9.   <u>**Literaturverzeichnis**</u>

Christ, Karl: Pompeius- Der Feldherr Roms, München 2004

Pohl, Hartel: Die römische Politik und die Piraterie im östlichen Mittelmeer vom 3. bis 1. Jh. v. Chr., in: Untersuchungen zur antiken Literatur und Geschichte, (Hrsg.) Bühler, Herrmann, Zweierlei, Bd. 42, Walter de Gruyter/Berlin/New York 1993